BEI GRIN MACHT SICH IHR WISSEN BEZAHLT

AF145607

- Wir veröffentlichen Ihre Hausarbeit,
  Bachelor- und Masterarbeit

- Ihr eigenes eBook und Buch -
  weltweit in allen wichtigen Shops

- Verdienen Sie an jedem Verkauf

Jetzt bei www.GRIN.com hochladen und kostenlos publizieren

Bibliografische Information der Deutschen Nationalbibliothek:

Die Deutsche Bibliothek verzeichnet diese Publikation in der Deutschen National-
bibliografie; detaillierte bibliografische Daten sind im Internet über http://dnb.d-
nb.de/ abrufbar.

Impressum:

Copyright © 2015 GRIN Verlag, Open Publishing GmbH
Druck und Bindung: Books on Demand GmbH, Norderstedt Germany
ISBN: 9783668293045

Dieses Buch bei GRIN:

http://www.grin.com/de/e-book/335037/trends-und-ihre-verbreitung-in-sozialen-
medien

Sven Böttger

Trends und ihre Verbreitung in sozialen Medien

GRIN Verlag

GRIN - Your knowledge has value

Der GRIN Verlag publiziert seit 1998 wissenschaftliche Arbeiten von Studenten, Hochschullehrern und anderen Akademikern als eBook und gedrucktes Buch. Die Verlagswebsite www.grin.com ist die ideale Plattform zur Veröffentlichung von Hausarbeiten, Abschlussarbeiten, wissenschaftlichen Aufsätzen, Dissertationen und Fachbüchern.

Besuchen Sie uns im Internet:

http://www.grin.com/

http://www.facebook.com/grincom

http://www.twitter.com/grin_com

Wie werden Einzelne zu Trendsettern, ihre anfangs individuellen Aktionen zu kollektiven Trends? Und welchen Dynamiken unterliegt dabei die prozessuale Verbreitung von Trends? Sind jene Dynamiken bloße Nachahmung, ist in ihnen ein Muster zu erkennen oder sind sie gar zufällig bedingt?

In der vorliegenden Arbeit soll diesen Fragen im Rahmen der sozialen Medien nachgegangen werden. Soziale Medien, die auch als „Social Media" bezeichnet werden, sind dabei als „ein Bündel internetbasierter Anwendungen, welche die Erstellung und den Austausch von User Generated Content ermöglichen" (Meffert et al., 2012: S. 666) definiert.

Zu Beginn dieser Arbeit wird ein theoretischer Überblick gegeben, wobei daraufhin kurz auf die Arbeit der Pinterest-Gruppe und ihre Ergebnisse eingegangen wird.

Anschließend werden die individuelle Vorgehensweise auf Tumblr sowie die daraus entstandenen Resultate dargestellt.

Abschließend wird ein Fazit gezogen und es werden konkrete Umsetzungsvorschläge für Unternehmen gemacht, welche praxisorientiert ausgerichtet sind.

Wird davon ausgegangen, dass die digitale Welt, einschließlich des Internets, aus einer unfassbar großen Menge an Daten besteht, welche fragmentarisch zusammengesetzt ist, so muss die Frage gestellt werden, ob in diesem fragmentarischen Gebilde bestimmte Tendenzen, möglicherweise sogar regelgeleitete Entwicklungen, zu erkennen sind.

Vor dem Hintergrund der revolutionären Entwicklung des Big Data – Phänomens stellt Professor Gary King fest, dass es weniger die Masse an Daten ist, welche revolutionär ist, sondern vielmehr der Umstand, dass nun etwas mit den Daten getan werden kann, diese also gezielt analysiert werden können (vgl. Shaw, 2014).

Big Data bezeichnet dabei „Methoden und Technologien für die hochskalierbare Erfassung, Speicherung und Analyse polystrukturierter Daten" (Bange et al., 2013: S. 12).

An diesem Punkt ist zwischen der Analyse von großen Datenmengen mittels Softwarealgorithmen und menschlicher Interpretationsfähigkeit zu unterscheiden.

Da die Software bestimmte Entwicklungen und Tendenzen im Bereich Big Data nicht logisch erklären kann oder zu falschen Ergebnissen führt, ist es notwendig, die Analyse des Phänomens Big Data um eine sozial- und kulturwissenschaftliche Perspektive zu erweitern.

Um die Frage zu klären, ob es bestimmte kulturelle Regeln gibt, denen die Entstehung von Trends in sozialen Medien zu Grunde liegen, wurden die Zusammenhänge einzelner Blogs von Mitgliedern sozialer Medien qualitativ analysiert, sowie eine Online-Befragung durchgeführt, welche im Kontext qualitativer und quantitativer Vorgehensweisen hybride positioniert ist.

Zentral wird davon ausgegangen, dass der Verbreitungsprozess in sozialen Medien entweder zufällig (Random Copying) entsteht, möglicherweise per Nachahmung bedingt ist oder aber einem bestimmten Muster (Cultural Algorithm) unterliegt (vgl. Rust, 2013). Die Untersuchung erfolgt vor dem Hintergrund eines netzwerkartigen Verständnisses von agentenbasierter Interaktion in sozialen Netzwerken (Agent

Based Modelling). Es gilt also den Verbreitungsprozess anhand der drei genannten Theorien (Zufall, Nachahmung, Muster) gezielt zu analysieren, um die Abfolgen von Aktion und Reaktion zu verstehen, welche durch einen bestimmten Stimulus ausgelöst werden und möglicherweise zu einem Trend führen können.

Konkret wird die Untersuchung in einem bestimmten Mentalitäts- und Geschmacksmilieu, einem sogenannten „Believespace" (Rust, 2013: S.6) durchgeführt, welcher sich durch Geschmackskulturen auszeichnet.

Dabei wurde die qualitative Zusammenhangsanalyse von Blogs auf dem sozialen Medium Pinterest durchgeführt und die Online-Befragung auf dem sozialen Medium Tumblr, wobei jene Untersuchungen im Kontext der Automobilität durchgeführt wurden.

Hierbei besteht, thematisch bedingt, ein bestimmtes Mentalitäts- und Geschmacksmilieu.

Die Analyse des Verbreitungsprozesses von Daten in sozialen Netzwerken ist sowohl wissenschaftlich als auch wirtschaftlich von besonderer Relevanz.

Für Unternehmen können zum einen mögliche Instrumente der Einflussnahme aufgezeigt und zum anderen Voraussetzungen der Erzeugung eines Trends sichtbar gemacht werden.

Vor dem Hintergrund der Theorie der schwachen Signale („weak signals") muss es die Aufgabe jedes zukunftsorientierten Unternehmens sein, im Rahmen der branchenspezifischen strategischen Frühaufklärung, schwache Signale zu erkennen, welche Anzeichen kommender Trends sein könnten.

Dabei beruht das Konzept der schwachen Signale „auf den Überlegungen von Ansoff, dass das plötzliche Auftreten von Chancen und Bedrohungen, sogenannte Diskontinuitäten, bereits frühzeitig durch schwache Signale angekündigt wird." (Reisinger et al., 2013: S. 86).

Quellen dieser schwachen Signale können dabei u.a. die plötzliche Häufung von gleichartigen Ereignissen, welche für das Unternehmen von strategischer Relevanz sind, die Verbreitung von neuen Meinungen durch Schlüsselpersonen bzw. in den Medien, sowie Tendenzen in Gesetzgebung und Rechtsprechung sein (vgl. ebd.).

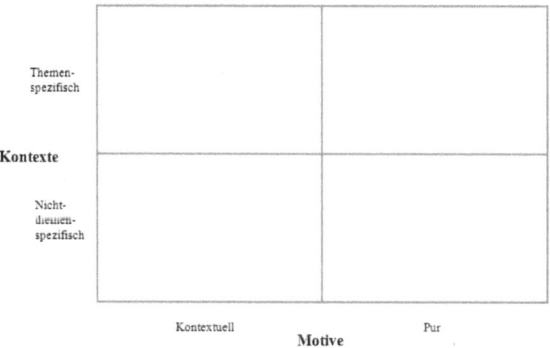

Grafik 1: Vier-Felder-Matrix mit den Determinanten „Kontexte" und „Motive" (Quelle: Eigene Darstellung)

Neben den diversen, intern und extern ausgerichteten, Möglichkeiten der Unternehmen hinsichtlich der Generierung neuer innovativer Ideen, ist es in der heutigen digitalen Welt insbesondere das „Trendscouting", welches es Unternehmen ermöglicht schwache Signale zu erkennen. Blogs innovativer Nutzer auf sozialen Plattformen, Inspirations-Plattformen bzw. Trend-Portale wie Trendhunter oder Trendwatching können als Anlaufstellen zur Identifizierung schwacher Signale genutzt werden (vgl. Gaida, 2011: S. 90 ff.).

Die qualitative Arbeit der Pinterest-Gruppe, welche je nach individueller Vorgehensweise etwas abwich, verfolgte dabei das Ziel die Zusammenhänge zwischen dem Erstposter eines Bildes auf dem sozialen Medium Pinterest, das vornehmlich dem

Austausch von Bildern dient und dessen Repostern darzustellen, vor dem Hintergrund einer spezifischen Einordnung von Erstposter und Repostern.

Diese Einordnung erfolgte u.a. anhand der Vier-Felder-Matrix, welche in Grafik 1 dargestellt ist. Dabei können die (Bild-)Motive nach Darstellung in einem Kontext (kontextuell) oder reiner Fokussierung auf das Auto (pur), also ohne äußerlichen Kontext, betrachtet werden und die Kontexte der Nutzer, welche das Bild reposten, in autospezifisch (themenspezifisch) oder nicht-autospezifisch (nicht-themenspezifisch) unterteilt werden.

Somit kann die Ausrichtung der unterschiedlichen Nutzeraccounts in ihren Inhalten vergleichbar gemacht werden.

Beispielsweise wurden in der Kategorie „Reisen" auf der Plattform Pinterest verschiedene VW-Automodelle, insbesondere VW-Busse, im Kontext von Reisen betrachtet.

Bei den Nutzern, welche ein Bild mit Kontext (z.B. http://de.pinterest.com/pin/169307267211932002/) reposteten, fiel auf, dass sich viele Nutzer mehr auf den Kontext (hier: Reisen) in ihren weiteren, privaten Bildern spezialisierten, als auf das Thema Auto selbst (Stichprobe: 7 aus 73, davon 1 reiner Autoliebhaber, bei welchem Autos als private Motive dominierten).

Bei den Nutzern, welche ein Bild ohne Kontext (z.B. http://de.pinterest.com/pin/111675265731195629/) reposteten, fiel auf, dass sich viele Nutzer auf das Thema Auto in ihren weiteren, privaten Bildern spezialisierten und andere Kontexte außen vor ließen (Stichprobe: 4 aus 13, davon 3 reine Autoliebhaber, bei welchen Autos als private Motive dominieren).

Es kann also konstatiert werden, dass Personen, welche Autos ohne äußerlichen Kontext reposten, sich auch häufig mit ihren weiteren, privaten Bildern auf das reine Automotiv spezialisieren.

Umgekehrt stellt sich der Sachverhalt bei Nutzern dar, welche Autos in bestimmten Kontexten reposten, da sie in ihren weiteren, privaten Bildern eher unterschiedliche Kontexte und Themen darstellen, als weitere Automotive.

Zur Klärung der Frage, ob eine der drei Ausgangstheorien (Random Copying, Nachahmung, Cultural Algorithm) den Reposting-Vorgang eines Bildes, welches sehr häufig repostet wurde, erklären kann, wurde eine Online-Umfrage über die Website Surveymonkey durchgeführt, wobei der Link zur Umfrage an ausgewählte Nutzer auf Tumblr geschickt wurde.

Hierbei wurde Tumblr als soziales Medium gewählt, da es mit 230 Millionen aktiven Nutzern pro Monat zu den meistgenutzten sozialen Medien weltweit gehört (vgl. Statista, 2015). Dabei konnte Tumblr zwischen 2013 und 2014 um 22% wachsen und ist somit das soziale Medium mit dem zweitstärksten Wachstum hinter Instagram mit 25% (vgl. Statista, 2014).

Besonders wichtig bei der Wahl des sozialen Mediums war jedoch der Umstand, dass bei Tumblr private Nachrichten problemlos verschickt werden können, was bei den anderen sozialen Medien nicht oder nur in sehr limitierter Form der Fall ist (Pinterest, Instagram, Flickr). Soziale Medien wie Facebook, Google + und Twitter erfüllten bei der Auswahl nicht die Anforderungen, weil sie nicht spezifisch auf den Tausch von Bildern ausgerichtet sind.

Somit erfüllte Tumblr die notwendigen Bedingungen nahezu vollständig.

Um einerseits die Vergleichbarkeit der Antworten zu gewährleisten und andererseits eine gewisse inhaltliche Tiefe in den Antworten zu erzielen, wurde ein Fragebogen konstruiert, welcher auf der einen Seite die Fragen standardisiert vorgibt und auf der anderen Seite die Fragen offen beantworten lässt.

Somit wurde ein hybrider Mittelweg zwischen quantitativer Standardisierung und qualitativer Offenheit gewählt, welcher die Qualität der Umfrageresultate am ehesten gewährleisten konnte.

Dabei ist es der Anspruch dieser Umfrage, möglicherweise als richtungsweißende Vorstudie für eine großangelegte quantitative Umfrage auf einem sozialen Medium zu dienen, welche repräsentative Aussagen generieren würde.

Um eine möglichst hohe Teilnehmerquote zu erreichen, wurde die Anzahl der Fragen auf dreißig begrenzt, wobei der Anfangsteil und der Mittelteil des Fragebogens zur Gewinnung der wichtigsten, schreibintensivsten Informationen und der Schlussteil zur Erlangung allgemeiner Daten genutzt wurden.

Zur Generierung konkreter Ergebnisse auf die in der Einleitung dieses Textes aufgeworfenen Fragen, wurde der Fragebogen in Module aufgeteilt, was jedoch den Befragten verborgen blieb.

Die konkreten Module des Fragebogens sind „Allgemeine Daten", „Bild und Reposting", „Theorien" und „Lead-User".

Vor dem konkreten Start der Umfrage musste auf Tumblr ein Bild gesucht werden, das ein Auto von VW darstellt, das möglichst häufig repostet wurde. Dabei wäre es ideal gewesen, wenn es völlig ohne Kontext dargestellt worden und somit der Blick des Reposters rein auf das Auto fokussiert gewesen wäre. Es wurde kein Bild gefunden, das alle diese Anforderungen gleichermaßen erfüllt hätte, somit wurde ein Bild gewählt, welches die Anforderungen bis auf das Merkmal der Kontextfreiheit erfüllt (das Bild ist im Anhang einzusehen).

Das Bild war zum Start der Umfrage (29.12.14) bereits 213 Mal repostet worden, wobei jene 213 Reposter als Stichprobe genommen und auf Tumblr angeschrieben wurden, mit der Bitte an der Umfrage teilzunehmen (das Anschreiben, sowie alle weiteren Materialien können im Anhang eingesehen werden). Da die Stichprobe hier der Grundgesamtheit entsprach, kann von dem Versuch einer Vollerhebung ausgegangen werden.

Nach ca. einer Woche (06.01.15) wurde eine Erinnerungsmail zur Teilnahme verschickt.

Dabei gestaltete sich die Versendung von Nachrichten auf Tumblr sehr zeitaufwendig, da keine Nachrichten an mehrere Nutzer gleichzeitig verschickt werden können. Somit musste jede Person aus einer Auswahlliste individuell angeschrieben werden, wobei der Zeitaufwand bei persönlicher Ansprache erhöht und durch die Verschickung derselben Nachricht per kopieren und einfügen an alle Empfänger reduziert werden kann.

Möglicherweise bieten die sozialen Medien Unternehmen an dieser Stelle andere, kostenpflichtige Möglichkeiten um Informationen über bestimmte Nutzergruppen zu erhalten und mit jenen in Kontakt zu treten. Es wird an dieser Stelle angeraten bei einem angemessenen Kosten/Nutzen-Verhältnis von dieser Möglichkeit Gebrauch zu machen.

Die Befragung endete am 20.02.15, wobei bis zu jenem Zeitpunkt 18 Personen an der Umfrage teilgenommen hatten, was einer Teilnehmerquote von 8,45% entspricht.

Die effektive Teilnehmerzahl lag jedoch bei 15 Personen, da die Antworten von drei Personen (Teilnehmer mit den Nummern 1,2 und 18) nicht den Anforderungen zur Auswertung entsprachen. Somit beträgt die effektive Teilnehmerquote 7,04%, was angesichts tendenziell geringer Teilnahmequoten bei Online-Befragungen, insbesondere wenn keine finanziellen oder sachlichen Anreize zur Teilnahme gegeben sind, ein befriedigendes Ergebnis darstellt.

Bei Betrachtung der allgemeinen Daten der Teilnehmer fällt auf, dass sich mehr Männer (9) als Frauen (5) an der Umfrage beteiligt haben, was wohl insbesondere auf die Auto-Thematik zurückzuführen ist, da der Anteil der weiblichen Nutzer auf Tumblr höher ist, als der Anteil der männlichen Nutzer (vgl. Alexa, 2015).

Erstaunlich ist der Umstand, dass die zu untersuchende Stichprobe im Seminar „auf internetaffine Nutzer (weiblich und männlich) zwischen 18 und 35 Jahren" festgelegt wurde, wobei das Alter der Umfrageteilnehmer fast exakt in jenem Bereich liegt (Altersspannweite: 17 – 29 Jahre).

Das Merkmal der Internetaffinität ist angesichts der eigenständigen Einordnung der Probanden hinsichtlich der Fähigkeiten bezüglich Computer und Internet gegeben, da sich viele Teilnehmer als „advanced" und manche als „expert" in diesen Bereichen betrachten.

Das Teilnehmerfeld ist insgesamt international ausgerichtet, wobei zehn Teilnehmer in den USA leben, zwei in Kanada, zwei in Deutschland und einer in Ghana. Angesichts dieser Zusammensetzung sollten Unternehmen vor der Durchführung von Untersuchungen oder Maßnahmen prüfen, welche Personen(-gruppen) aus welchen Ländern auf welchem sozialen Netzwerk aktiv sind, um Aussagen über die gewünschte Zielgruppe und einen bestimmten Markt treffen zu können.

Bei den Interessen bzw. Hobbys der Teilnehmer lassen sich keine tendenziellen Übereinstimmungen erkennen, wobei zehn von fünfzehn Teilnehmern sich für den Bereich Automobilität bzw. damit zusammenhängende Themengebiete als Hobby interessieren.

Das Bildungsniveau der Teilnehmer ist eher hoch, da viele der Teilnehmer studieren oder über einen Universitätsabschluss bzw. eine abgeschlossene Ausbildung verfügen.

Somit sind viele der Teilnehmer in Beruf oder Studium involviert, wobei sie in Berufen mit technischer oder wirtschaftswissenschaftlicher Ausrichtung tätig sind.

Bei selbstständiger Einordnung der Teilnehmer hinsichtlich der sozialen Schicht wird deutlich, dass sich fast alle Probanden der Mittelschicht (14) zuordnen, eine Person der Oberschicht und keine Person der Unterschicht.

Bei selbstständiger Einordnung der Befragten zu einem bestimmten Sinus-Milieu (vgl. Weischer, 2011: S.435 ff.) anhand einer Grafik wird deutlich, dass sich auffallend viele Teilnehmer (9) dem Sinus-Milieu B2 zuordnen, also der „New Middle Class". Generell ist bei den Befragten eine Orientierung hinsichtlich der Werte „Modernization" und „Re-Orientation" vorzufinden, wobei sie sich gar nicht hinsichtlich des Wertes „Tradition" positioniert haben.

Bei selbstständiger Einordnung hinsichtlich des Web-Milieus (vgl. United Internet Media, 2015) anhand einer Grafik wird ersichtlich, dass hier weniger Übereinstimmung zwischen den Teilnehmern besteht. Vier Personen ordnen sich den „Young Explorers" zu, für welche tendenziell Selbstverwirklichung als Wert im Vordergrund steht, drei Personen ordnen sich den „Modern Persumers" zu, welche ein recht ähnliches Profil wie die „Young Explorers" aufweisen, jedoch eher noch zu traditionellen Werten tendieren. Drei Personen ordnen sich den „Smart Independants" zu, die hinsichtlich des sozialen Status über den beiden anderen Gruppen positioniert sind, aber ein ähnliches Werteprofil aufweisen.

Anhand der Web-Milieus lässt sich erkennen, dass traditionelle Werte wie Familie und Karriere für die Teilnehmergruppe nicht völlig ohne Bedeutung sind, wie die Einordnung anhand der Sinus-Milieus suggeriert. Auffällig ist, dass bei den Web-Milieus eine breite Einordnung stattfindet, die Profile jedoch in ihren Werten nah beieinander sind. Selbstfindung und das Kommunikationsbedürfnis in Zeiten des dauerverfügbaren Internets, aber auch traditionelle Werte wie Familie und Karriere sind den Teilnehmer wichtig, eine progressive Neuorientierung oder Konsum hingegen weniger.

Die Anzahl der genutzten sozialen Netzwerke bei den Teilnehmern variiert. Viele nutzen Tumblr und Facebook, Instagram und Twitter werden jedoch auch mehrmals genannt.

Die Nutzungsdauer des Internets ist völlig unterschiedlich, da Werte zwischen einer Stunde und sechzehn Stunden genannt werden. Es lässt sich hier keine allgemeine Tendenz erkennen, jedoch ist davon auszugehen, dass das Internet auf Grund der verbesserten Verfügbarkeit häufiger als früher genutzt wird.

Das Modul „Bild und Reposting" beinhaltet die Frage, warum den Teilnehmern das von ihnen repostete Bild gefällt. Die am häufigsten genannten Gründe sind die Marke „Volkswagen", dass es sich um ein deutsches Fabrikat handelt und die Farbkombo des Autos bzw. das rein Äußerliche. Die Wichtigkeit der Marke und ihrer Herkunft sind an dieser Stelle besonders hervorzuheben.

Die Frage nach dem Grund des Repostings deckt sich zum Teil mit den bereits genannten Gründen, wobei hier insbesondere der Aspekt der Selbstdarstellung („It fits good on my blog") zu betonen ist. Somit ist das Äußere des Autos, aber auch der Kontext der Darstellung, von besonderer Bedeutung.

Beim Modul „Theorien" geht es zu Beginn darum herauszufinden, wie das Bild gefunden wurde. Dabei sticht heraus, dass viele Befragte das Bild durch Personen gefunden haben, denen sie folgen. Einige haben es auch per Suche direkt auf Tumblr entdeckt.

Die Frage, ob das Bild zufällig gefunden wurde, wird von elf Personen bejaht und vier Personen verneint. Dabei muss differenziert werden zwischen dem plötzlichen, zufälligen auftauchen des Bildes im Newsfeed, beispielsweise durch Personen, denen gefolgt wird und der bewussten Suche nach dem Bild.

Es wird deutlich, dass bei der Findung des Bildes weniger die bewusste Suche, als vielmehr der Einfluss von Personen, welchen gefolgt wird, hervorzuheben ist.

Somit ist an dieser Stelle nicht davon auszugehen, dass der Verbreitungsprozess des Bildes völlig zufällig, ohne jegliches Muster, abgelaufen ist.

Aus der Frage, ob der Person, die das Bild ursprünglich gepostet hatte, gefolgt wurde, kann keine allgemeine Tendenz abgeleitet werden.

Hingegen lässt sich bei der Frage, ob der Erstposter des Bildes imitationswürdig erscheint, erkennen, dass die Mehrheit diese Frage verneint. Somit erscheint ein Prozess bewusster Nachahmung abwegig.

Beim Modul „Lead-User" geht es um eine generelle Einordnung der Probanden hinsichtlich der Theorie des „Lead-User" bzw. Trendsetters.

„Lead-User" gelten dabei als Quellen zur Ideengewinnung, „ die als „Kunden der ersten Stunde" über ein hohes nutzungsorientiertes Produkt-Know-how verfügen (vgl. von Hippel 1986, S. 791 f.) und deswegen fundierte Vorschläge für Nachfolgeinnovationen machen können (Meffert et al., 2012: S. 409).

Die Frage nach dem allgemeinen Interesse der Probanden an der Auto-Thematik wird von allen, zum Teil nachdrücklich, bejaht.

Dabei sehen sich fünf der fünfzehn Personen als Experten der verbliebene Teil ist eher unentschlossen, nur zwei Personen verneinen diese Frage eindeutig.

Der Anteil der Tageszeit, welcher zur Beschäftigung mit Auto-Thematiken genutzt wird, liegt zwischen einer und fünfzehn Stunden.

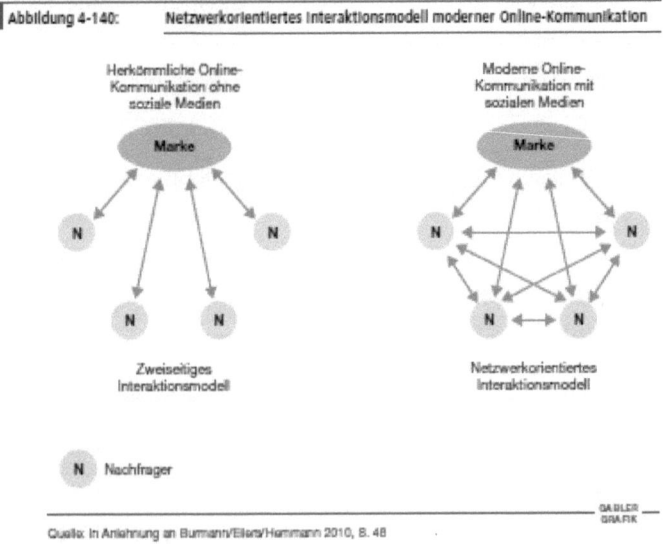

Grafik 2: Netzwerkorientiertes Interaktionsmodell moderner Online-Kommunikation (Quelle: Meffert et al, 2012: S. 655)

Auffällig viele Probanden sind in Online-Communities betreffend der Auto-Thematik eingebunden (12 von 15). Sie nehmen hierbei sowohl die Rolle des Fragestellers, als auch des Antwortgebers ein. Zum Teil wird auch die Funktion zum

Nachrichtenaustausch bezüglich neuer Entwicklungen im Bereich Auto auf jenen Plattformen genutzt. Etwa die Hälfte der Probanden hat angegeben, jene Funktion zu nutzen.

Ca. ein Drittel der Teilnehmer ist dazu in der Lage, eigene Möglichkeiten zur Lösung bestehender Probleme im Bereich Auto zu entwickeln.

Befragt nach der Nutzung bestimmter Techniken, um als Erstposter besonders viele Repostings zu erhalten, antworten fast alle Teilnehmer, dass sie keine speziellen Techniken nutzen.

Diejenigen, welche jedoch Techniken nutzen, nennen hier „Hash-Tags" und einen cleveren Schreibstil („clever writing") als Instrumente.

Waren die bisherigen Ausführungen eher aus einer wissenschaftlichen Perspektive heraus beschrieben, sollen sie nun aus einer wirtschaftlichen Perspektive interpretiert werden.

Die hier beschriebenen Empfehlungen richten sich insbesondere an das Marketing als Funktionsbereich einer Unternehmung, welches sich an der Schnittstelle zu den Nachfragern befindet.

Eben jenes ist im heutigen, digitalen Zeitalter vor vielfältige Herausforderungen gestellt. Vor dem Hintergrund eines netzwerkorientierten Interaktionsmodells, welches mit der Theorie des Agent-Based Modelling korrespondiert, muss eine Marke in der heutigen Zeit gegenüber den Nachfragern so positioniert werden, dass sowohl im Austauschprozess zwischen Marke und Nachfragern, als auch in den Austauschprozessen zwischen den Nachfragern über die Marke, adäquate Verhältnisse vorherrschen. Grafik 2 soll diese Problematik verdeutlichen.

Als konkreter Umsetzungsvorschlag für Unternehmen aus der qualitativen Zusammenhangsanalyse der Blogs könnte formuliert werden, dass zur Erreichung einer möglichst hohen Anzahl an Nutzern, das Automotiv mit verschiedensten Kontexten kombiniert werden könnte.

Hierbei gilt es zum einen herauszufinden, was die aktuell „angesagtesten" bzw. weitverbreitetsten Motive (z.B. Kombination des Autos mit bestimmten Marken, Kombination des Autos mit bestimmten Produkten, Kombination alt – neu, etc.) sind und zum anderen die präferierten äußerlichen Kontexte der angestrebten Zielgruppe(n), die mit dem Automotiv kombiniert werden könnten.

Zudem sollte jedes Unternehmen in Erwägung ziehen, auf den gängigen sozialen Medien präsent zu sein und den unterschiedlichen Zielgruppen unterschiedliche Bilder zur Verfügung zu stellen, um eine möglichst hohe Verbreitung zu erreichen und jeden Geschmack abzudecken. Somit würden Bekanntheit und Prestige der Marke gesteigert werden, was die Einstellung jüngerer Konsumenten gegenüber der Marke verbessern und eine mögliche spätere Kaufabsicht erhöhen würde.

Aus der Online-Umfrage lässt sich ersehen, dass Nachahmung für die Probanden von geringer Bedeutung ist und weniger von einem zufälligen Verbreitungsprozess von Bildern in sozialen Netzwerken ausgegangen werden kann, als vielmehr von einem Prozess unbewusster Beeinflussung durch Personen, denen gefolgt wird und bewusster Suche nach Bildern auf sozialen Netzwerken.

Der Prozess der Beeinflussung durch Personen, denen gefolgt wird, wird als unbewusst beschrieben, da die Probanden keinen Einfluss darauf haben, welches Bild ihnen von Personen, denen sie folgen, im Newsfeed angezeigt wird.

Hingegen ist es ihre bewusste Entscheidung, der Person zu folgen, von welcher sie ein Bild angezeigt bekommen.

An dieser Stelle wird deutlich, dass es für Unternehmen von besonderer Wichtigkeit ist, eine möglichst hohe Anzahl an Followern in den sozialen Netzwerken zu gewinnen, um den Prozess der Weiterverbreitung und die Chance auf einen möglicherweise daraus resultierenden Trend zu erhöhen.

Es geht also weniger um den Trend an sich, sondern mehr um die Gelegenheiten, welche sich bieten um einen Trend zu erzeugen: „Trends aren't really the point – opportunities are." (trendwachtching.com, 2015).

Je mehr Gelegenheiten Unternehmen an dieser Stelle nutzen, desto höher ist die Wahrscheinlichkeit, dass aus einer dieser genutzten Gelegenheiten ein Trend entsteht. Als konkrete Empfehlung lässt sich aussprechen, dass die Erkennung und Nutzung von Gelegenheiten maximiert werden sollte.

Um die Anzahl an Followern auf sozialen Netzwerken zu erhöhen hat das Marketing unterschiedliche Möglichkeiten, wobei als Initialzündung zu Beginn möglicherweise der Einsatz materieller Anreize (z.B. Gewinnspiele) zielführend sein kann, um eine gewisse Schwelle an Followern zu überschreiten.

Da den Probanden bei dieser Umfrage moderne Werte wie Selbstfindung und Kommunikationsmöglichkeiten, aber auch traditionelle Werte wie Familie und Karriere wichtig sind, sollten Unternehmen die Werteorientierungen ihrer Konsumenten in der Gestaltung ihrer Kommunikationspolitik bzw. speziell in der Gestaltung der Bilder berücksichtigen.

Von besonderer Bedeutung sind die Marke „Volkswagen" und ihre Herkunft. Jene Merkmale auf eine angenehme, ansprechende Weise zu präsentieren, ist unumgänglich. Weitere Merkmale von Bedeutung sind das Äußerliche des Autos, der Kontext der Darstellung sowie das Bedürfnis der Konsumenten zur Selbstdarstellung.

Aus den Angaben zum Modul „Lead-User" lässt sich ersehen, dass es für Unternehmen von Bedeutung sein könnte, „Lead-User" per standardisierter Befragung in sozialen Netzwerken zu erkennen.

War schon länger bekannt, dass Online-Communitys zu bestimmten Thematiken eine Anlaufstelle zur Kontaktaufnahme mit Lead-Usern sein können, wird nun deutlich, dass eben jene per standardisierter Online-Befragung in sozialen Medien möglicherweise viel einfacher identifiziert und kontaktiert werden können. Auch der Kontakt zu Personen mit vielen Followern und Repostings in einem bestimmten Themenfeld kann für Unternehmen von Vorteil sein, um hier Informationen bezüglich neuer Möglichkeiten oder Techniken zur Verbesserung des Reposting-Vorgangs oder aber hinsichtlich technischer Entwicklungen zu erhalten. Es sind auch Kooperationen mit jenen Nutzern, bezüglich der Verbreitung von Inhalten, denkbar. Gegen sachliche Anreize oder persönliche Einbeziehung des Nutzers in die Entwicklung, könnte dieser seine Follower-Basis zur Verfügung stellen und mit jener ‚durch das Unternehmen zur Verfügung gestellte, Inhalte teilen.

Abschließend soll kurz das Ergebnis bezüglich der drei Theorien (Random Copying, Nachahmung, Cultural Algorithm) resümiert werden.

Von einem Verbreitungsprozess der Bilder in sozialen Medien durch Nachahmung ist nicht auszugehen, von einer rein zufällig stattfindenden Verbreitung jedoch auch nicht, da sich bestimmte Mechanismen, bestimmte Muster der Verbreitung ausfindig machen lassen, wenn die Ergebnisse aus einer sozial- und kulturwissenschaftlichen Perspektive heraus interpretiert werden.

Diese Muster der Verbreitung zeigen sich im Prozess der unbewussten Beeinflussung der Probanden durch Personen, denen gefolgt wird. An dieser Stelle ist zu betonen, dass es möglicherweise weitere Mechanismen dieser Art gibt, die in dieser Umfrage noch nicht ausgemacht worden sind.

Da bisher in den hier beschriebenen Themenfeldern nur relativ wenig Forschung mit geringem Erkenntnisgewinn betrieben wurde, soll diese Schrift dazu beitragen einen Ansatz für weitere Forschungsaktivitäten in jenen thematischen Gebieten zu liefern.

Literaturverzeichnis

Alexa (2015): Site Overview – tumblr.com. Verfügbar über:
http://www.alexa.com/siteinfo/tumblr.com (Zugriff: 22.02.15)

Bange, Karsten / Grosser, Timm / Janoschek, Nikolai (2013): Big Data Survey
Europa – Nutzung, Technologie und Budgets europäischer Best Practice
Unternehmen. BARC GmbH, Würzburg.

Gaida, Klemens (2011): Gründen 2.0 – Erfolgreiche Business-Inkubation mit neuen
Internet-Tools. Gabler Verlag, Wiesbaden.

Meffert, Heribert / Burmann, Christoph / Kirchgeorg, Manfred (2012): Marketing –
Grundlagen marktorientierter Unternehmensführung. Gabler Verlag, Wiesbaden.

Reisinger, Sabine / Gattringer, Regina / Strehl, Franz (2013): Strategisches
Management – Grundlagen für Studium und Praxis. Pearson Deutschland GmbH.

Rust, Holger (2013): Geschmackskulturen im World Wide Web: Synopse. Hannover.
Univ. Seminarinternes Dokument.

Shaw, Jonathan (2014): Why "Big Data" Is a Big Deal – Information science
promises to change the world. Verfügbar über:
http://harvardmagazine.com/2014/03/why-big-data-is-a-big-deal (Zugriff: 22.02.15)

Trendwatching.com (2015): 10 TRENDS for 2015 - And 10 prime innovation
opportunities to run with – and profit from – in 2015!. Verfügbar über:
http://trendwatching.com/trends/10-trends-for-2015/ (Zugriff: 22.02.15)

Statista (2014): Top 10 Soziale Netzwerke weltweit nach Nutzerwachstum zwischen
Q3 2013 und Q1 2014. Verfügbar über:
http://de.statista.com/statistik/daten/studie/150235/umfrage/social-media-
plattformen-mit-hoechstem-wachstum-weltweit/ (Zugriff: 22.02.15)

Statista (2015): Größte Social Networks nach Anzahl der monatlich aktiven Nutzer
(MAU) im Januar 2015 (in Millionen). Verfügbar über:
http://de.statista.com/statistik/daten/studie/181086/umfrage/die-weltweit-groessten-
social-networks-nach-anzahl-der-user/ (Zugriff: 22.02.15)

United Internet Media (2015): WEB.Milieu™ - Lebensweltorientierte Zielgruppen perfekt erreichen. Verfügbar über: http://www.united-internet-media.de/de/produkte-und-loesungen/zielgruppen/target-group-planning/tgpr-zielgruppen/webmilieutm/ (Zugriff: 22.02.15)

Weischer, Christoph (2011): Sozialstrukturanalyse – Grundlagen und Modelle. VS Verlag für Sozialwissenschaften, Wiesbaden.

Verwendete Grafiken

Bild zu Frage Nr. 4 (Ausgangsbild der Online-Umfrage), Quelle: http://40.media.tumblr.com/f0992dcb2ff7659e129cc0fbb30eaf23/tumblr_ngqmvoXf ma1qkzbwko1_1280.jpg bzw. http://soperfectlife.tumblr.com/post/105450483990)

Grafik zu Frage Nr. 28 (Sinus-Milieus), Quelle: http://www.sinus-institut.de/fileadmin/dokumente/Infobereich_fuer_Studierende/Kartoffel_Studentenv ersion_2009_engl.jpg)

Grafik zu Frage Nr. 29 (Web-Milieus), Quelle: http://printarchiv.absatzwirtschaft.de/images/web4.jpg - modifiziert)

BEI GRIN MACHT SICH IHR WISSEN BEZAHLT

- Wir veröffentlichen Ihre Hausarbeit,
  Bachelor- und Masterarbeit

- Ihr eigenes eBook und Buch -
  weltweit in allen wichtigen Shops

- Verdienen Sie an jedem Verkauf

Jetzt bei www.GRIN.com hochladen
und kostenlos publizieren